مشيئة الله

لحياتك

ديريك برنس

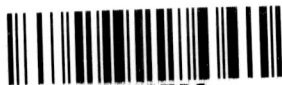

المحتويات

يسوع مثالنا

الفصل الأول

يسوع مثالنا

هـذا الكتـاب يتعلـق بموضـوع شخصـي وعملـي جـداً لحياة كل واحد منا وهو مشيئة الله لحياتنا.

فلنبـدأ بسـؤال شخصـي: هـل لـديك هـدف ، حقيقـي وواضـح ، لحياتـك ؟ أم أنـك منجـرف فـي الحيـاة ، محمـولاً هنـا وهنـاك بريـاح العـادة والمظـاهر ، مقـذوفاً بـأمواج الظروف حيث إنك قد فقدت السيطرة ؟

لا يوجـد شـيء فـي الحيـاة أكثـر مأسـاوية مـن أن تكـون بـلا هـدف ، فـإن لـم يكـن لـديك هـدف فـي الحيـاة ، فلـن تحقـق شـيئا. قـد يكـون لـديك موهبـة ، أو ذكـاء ، أو قـدرات خاصـة ، ولكـن بـدون هـدف سـوف تنتهـي حياتـك إلـى الإحبـاط ، لأنـك سـتكون قـد حققـت القليـل جـداً ممـا يجب أن تكون عليه.

هنا تكمن واحدة من أعظم الامتيازات والبركات للحياة المسيحية ، كما أعدها الله ، فالحياة المسيحية تعطي لكل واحد منا هدف للحياة ، وبواسطة الإيمان بالمسيح نتأهب لهذا الهدف. سوف نتناول الصورة الأولى للحياة المسيحية وهدفها. وهذا ما يوضحه كاتب الرسالة إلى العبرانيين في (عبرانيين ١٢:١-٢) يقول:

«لِذلِكَ نَحْنُ أَيْضًا إِذْ لَنَا سَحَابَةٌ مِنَ الشُّهُودِ مِقْدَارُ هذِهِ مُحِيطَةٌ بِنَا، لِنَطْرَحْ كُلَّ ثِقْلٍ، وَالْخَطِيَّةَ الْمُحِيطَةَ بِنَا بِسُهُولَةٍ، وَلْنُحَاضِرْ بِالصَّبْرِ فِي الْجِهَادِ الْمَوْضُوعِ أَمَامَنَا، نَاظِرِينَ إِلَى رَئِيسِ الإِيمَانِ وَمُكَمِّلِهِ يَسُوعَ، الَّذِي مِنْ أَجْلِ السُّرُورِ الْمَوْضُوعِ أَمَامَهُ، احْتَمَلَ الصَّلِيبَ مُسْتَهِينًا بِالْخِزْيِ، فَجَلَسَ فِي يَمِينِ عَرْشِ اللهِ.»

هناك ثلاث حقائق هامة مذكورة هنا. أولاً: الحياة المسيحية سباق أُعد لنا مسبقاً ، ولا حاجة لنا أن نرسم المضمار ؛ الذي أُعد لنا بالفعل ، ولكن علينا فقط أن نركض

في السباق ، مدركين أن هذا السباق ليس مجرد إندفاع أو سباق قصير ، ولكنة بمثابة ماراثون طويل المدى.

ولكي نكون قادرين على الركض في هذا السباق الطويل ، علينا أن نتخلص من أي شيء يقف حائلاً في طريقنا ، وهذه الأشياء ليست بالضرورة أن تكون خاطئة ؛ ولكنها قد تعيقنا من أن نركض في السباق ، لهذا يجب علينا أن نقصيها من حياتنا.

أولاً: هناك طبيعة خاصة مُشدد عليها في هذا السباق وهي الاحتمال والثبات ، ولهذا مطلوب من كل منا أن نحتمل وأن نثبت لكي ننهي هذا السباق.

ثانياً: ينبغي أن نُثبت أنظارنا علي يسوع ، فهو مثالنا ومصدر إلهامنا ، فإذا حولنا أنظارنا عنه لأي مدة من الزمن ، سوف نفقد قدرتنا على الركض في السباق بنجاح.

ثالثاً: يسوع هو "رَئِيسِ الإِيمَانِ وَمُكَمِّلِهِ" ، فهو بداءة

كل شيء ، فيمكننا أن ندرك أنه رئيس إيماننا ، ولكن غالباً ما نفقد رؤيتنا أنه هو أيضاً مُكمله ، فيسوع ليس رائد الإيمان فحسب ، ولكنه أيضاً مُكمله.

لقد رأيت في كل من الكتاب المقدس وتعاملات الله في حياتي ، أن الله لا يبدأ في عمل شيء غير قادر أن يكمله ، علينا أن نتشجع بهذه الحقيقة ، فيسوع هو الذي بدأ معنا هذا السباق ، وسوف يُمكننا من إنهائه ، فهو رئيس إيماننا ومُكمله.

تذكر هذه الأمور الثلاث الهامة. أولاً: أن الحياة المسيحية سباق والطريق مرسوم أمامنا ، وهذا يتطلب منا الثبات لاستكمال السباق. ثانياً: لكي نكون ناجحين علينا أن نثبت أنظارنا علي يسوع ، فهو مثالنا ومصدر إلهامنا. ثالثاً: يسوع لم يدعونا لنبدأ فحسب ، بل هو أيضاً سيُمكننا من أن نكمل ويصل بنا بنجاح وانتصار إلى نهاية السباق.

بالنظر إلى يسوع علي اعتبار أنه مثالنا ومصدر

إلهامنا في هذا السباق المسيحي ، نرى أن مفتاح نجاح يسوع كان هو دافعه. وما لم نفهم فعلاً دافعه ونقتدى به ، سنجد أن هذا السباق صعب جداً.

فكاتب رسالة العبرانيين يقتبس من المزمور الأربعين ويطبقه علي يسوع ، ففي (عبرانيين ١٠: ٥-١٠) يقول:

«لِذلِكَ عِنْدَ دُخُولِهِ إِلَى الْعَالَمِ يَقُولُ: ذَبِيحَةً وَقُرْبَانًا لَمْ تُرِدْ، وَلكِنْ هَيَّأْتَ لِي جَسَدًا. بِمُحْرَقَاتٍ وَذَبَائِحَ لِلْخَطِيَّةِ لَمْ تُسَرَّ. ثُمَّ قُلْتُ: هنَذَا أَجِيءُ. فِي دَرْجِ الْكِتَابِ مَكْتُوبٌ عَنِّي، لأَفْعَلَ مَشِيئَتَكَ يَا أَللهُ. إِذْ يَقُولُ آنِفًا: إِنَّكَ ذَبِيحَةً وَقُرْبَانًا وَمُحْرَقَاتٍ وَذَبَائِحَ لِلْخَطِيَّةِ لَمْ تُرِدْ وَلاَ سُرِرْتَ بِهَا. الَّتِي تُقَدَّمُ حَسَبَ النَّامُوسِ. ثُمَّ قَالَ: هنَذَا أَجِيءُ لأَفْعَلَ مَشِيئَتَكَ يَا أَللهُ. يَنْزِعُ الأَوَّلَ لِكَيْ يُثَبِّتَ الثَّانِيَ. فَبِهذِهِ الْمَشِيئَةِ نَحْنُ مُقَدَّسُونَ بِتَقْدِيمِ جَسَدِ يَسُوعَ الْمَسِيحِ مَرَّةً وَاحِدَةً.»

لاحظ كلمة "جَسَدًا" في بداية الآيات ، يقول الرب: **«ذَبِيحَةً وَقُرْبَانًا لَمْ تُرِد وَلكِنْ هَيَّأْتَ لِي جَسَدًا»، وفي**

النهاية **يعلق** «**فَبِهذِهِ الْمَشِيئَةِ** [أي مشيئة الله التي تمت بيسوع المسيح] **نَحْنُ مُقَدَّسُونَ بِتَقْدِيمِ جَسَدِ يَسُوعَ الْمَسِيحِ مَرَّةً وَاحِدَةً**.» أعد الله ليسوع جسداً، لكي يقدمه ذبيحةً، نيابةً عنا. وهذه هي الفكرة الرئيسية التي سوف ترافقنا في هذه الدراسة.

ومن هذا المقطع نري: أولاً: أن الدافع الأسمى ليسوع هو "**لأَفْعَلَ مَشِيئَتَكَ يَا أَللهُ**" هذه العبارة قد ذُكرَت مرتين، للتوكيد، حتى لا تغيب عنا. فالغرض الأساسي والهدف الوحيد ليسوع أثناء حياته على الأرض هو أن يفعل مشيئة الله، وقد كان ذلك واضحاً تماما في كلامه بشأن هذه الحقيقة، ولم يحد عنها أبداً.

ثانياً: فيما يتعلق بما ورد في بداية الآيات، يتضح أن الناموس وضح الدور الذي سيقوم به يسوع: "**ها أنا آتي - كما هو مكتوب عني في الناموس - أني سأفعل مشيئتك**، **يا الله**." قبل أن يأتي يسوع، كان هذا مكتوب في درج الكتاب، لم يكتب يسوع الجزء

الخاص به أو أرتجل النص الذي أُعطي له ، ولكنه أكتشفه خلال دراسته للكتب المقدسة.

ثالثاً: مشيئة الله ليسوع بلغت أوجها في تقديم جسده ذبيحة ، فمشيئة الله وخطته في أن يتخذ يسوع جسداً هو أن يقدمه ذبيحة كاملة بالنيابة عن كل البشر.

انتبه لهذه النقاط الثلاثة:

١. كان الدافع الأسمى ليسوع أن يفعل مشيئة الله.
٢. وضح الناموس العمل الذي سيقوم به يسوع بصورة كاملة.
٣. مشيئة الله ليسوع بلغت أوجها في تقديم جسده ذبيحة.

كل نقطة من هذه النقاط الثلاثة ينبغي أن يكون لها نظير في حياتنا ، وكما سلك يسوع في هذه الأمور هكذا ينبغي علينا نحن أيضاً أن نسلك. فكل واحد منا

يحتاج لهذا الدافع الذي كان ليسوع ، لكي نتمم مشيئة الله ، وأن نكتشف ما كُتب لنا في الكتاب المقدس. وأخيراً ، ستبلغ مشيئة الله أوجها في حياتنا عندما نقدم أجسادنا ذبيحة.

امتيازات الحياة في مشيئة الله

الفصل الثاني

امتيازات الحياة في مشيئة الله

أن الحيـاة الناجحـة لهـا شـرط أساسـي وحيـد وهو السعي بثبات نحـو هـدف واضـح ، وبـدون هـذا الهـدف الواضـح ، يصيـر الإنسـان كقـارب منجـرف فـي بحـر مفتـوح ، وقـد فقـد السيطرة علـى مصيـره ، تحمله وتقذف به أمواج الظروف.

كمـا ذكـرت سـلفاً: أن واحـدة مـن أعظـم الامتيـازات والبركـات للحيـاة المسـيحية أنهـا تعطـي لكـل منـا هـدف للحيـاة ، وبالحـديث فـي هـذا الصدد ، لنا في يسوع مثال وقدوة.

لنـرى كيـف التـزم يسـوع بفعـل مشـيئة اللـه ، وقـام بتطبيقهـا عمليـاً فـي حياتـه علـى الأرض وفي

خدمتــه ، وسـنبدأ بالحادثـة المعروفــة عنـدما قابـل
يسوع المرأة السامرية عند بئر يعقوب .

كـان يسوع وتلاميـذه يسـافرون ، سـيراً على الأقـدام ،
فقد تركوا اليهوديـة ومضـوا إلى الجليـل ، وكـان لابـد أن
يجتــازوا السـامرة وجــاءوا إلــى المكـان الـذي لا يـزال
معـروف حاليـاً باسـم بئـر يعقـوب. كـان يسوع متعب
فجلس بجوار البئر ليستريح ، وفيما يبدو أن الطعام قد
نفـذ مـنهم ، وكـانوا جــوعى ، لأن التلاميـذ ذهبـوا إلـى
المدينة ليبتاعوا طعاماً .

حينئـذ جـاءت امـرأة مـن السـامرة لتسـتقي مـاء مـن
البئـر ، وكـان ليسوع هـذا الحـديث معهـا ، حيث أعطاهـا
هـذا الوعـد الرائـع عـن المـاء الحـي لكـل إنسـان عطشـان ،
وصـارت المـرأة متشـوقة جـداً لدرجـة أنهـا تركـت جرتهـا
دون أن تملؤهـا ، وعـادت إلـى المدينة لكـي تخبـر النـاس
عن هذا الشخص الرائع الذي التقت به عند البئر .

وظـل يسوع عنـد البئـر ، وعنـدما عـاد التلاميـذ ،

وجدوه مازال يجلس هناك ، ودار بينهم هذا الحوار المذكور في (يو٤:٣١-٣٦):

«وَفِي أَثْنَاءِ ذلِكَ سَأَلَهُ تَلاَمِيذُهُ قَائِلِينَ: يَا مُعَلِّمُ، كُلْ فَقَالَ لَهُمْ: أَنَا لِي طَعَامٌ لآكُلَ لَسْتُمْ تَعْرِفُونَهُ أَنْتُمْ. فَقَالَ التَّلاَمِيذُ بَعْضُهُمْ لِبَعْضٍ: أَلَعَلَّ أَحَدًا أَتَاهُ بِشَيْءٍ لِيَأْكُلَ؟ قَالَ لَهُمْ يَسُوعُ: طَعَامِي أَنْ أَعْمَلَ مَشِيئَةَ الَّذِي أَرْسَلَنِي وَأُتَمِّمَ عَمَلَهُ. أَمَا تَقُولُونَ: إِنَّهُ يَكُونُ أَرْبَعَةُ أَشْهُرٍ ثُمَّ يَأْتِي الْحَصَادُ؟ هَا أَنَا أَقُولُ لَكُمْ: ارْفَعُوا أَعْيُنَكُمْ وَانْظُرُوا الْحُقُولَ إِنَّهَا قَدِ ابْيَضَّتْ لِلْحَصَادِ. وَالْحَاصِدُ يَأْخُذُ أُجْرَةً وَيَجْمَعُ ثَمَرًا لِلْحَيَاةِ الأَبَدِيَّةِ، لِكَيْ يَفْرَحَ الزَّارِعُ وَالْحَاصِدُ مَعًا.»

لقد قالها يسوع بوضوح "طَعَامِي... أَنْ أَعْمَلَ مَشِيئَةَ الَّذِي أَرْسَلَنِي." الدافع الأسمى لحياة يسوع علي الأرض هو أن يفعل مشيئة الآب الذي أرسله دائماً ، وقد ترتب على ذلك ثلاث نتائج ينبغي أن يكون لهم نظير في حياتنا.

أولاً: الإلتزام بفعل مشيئة الله هو عمل فوق الامكانيات الطبيعية ، وفيه إحياء للجسد ، فعندما آتي يسوع إلى البئر كان متعب وجائع ، وبدلاً من أن يبحث عن الطعام ، إنساب في مشيئة الله في حديثه مع المرأة المحتاجة ، لقد جعل يسوع تحقيق مشيئة الله هو قمة أولوياته قبل احتياجاته الجسدية ، فاستقبل إمكانيات للجسد فوق طبيعية ، وعندما أتى التلاميذ بالطعام ، لم يكن مهتماً بصفة خاصة بالطعام ، وقال "لقد أكلت" ولم يفهم تلاميذه ما هو نوع الطعام الذي أكله!

وشرح يسوع قوله: «**طَعَامِي... أَنْ أَعْمَلَ مَشِيئَةَ الَّذِي أَرْسَلَنِي وَأُتَمِّمَ عَمَلَهُ.**» إن الطعام هو الذي يعطينا القوة الجسدية ، ويجعلنا نواصل الحياة. "هذا ما يجعلني أواصل و أستمر - التزامي بأن أفعل مشيئة الآب الذي أرسلني."

ثانياً: كان يسوع يرى الأمور من منظور آخر ، وبدأ

يتكلم ويقارن فقال: "أنتم تنظرون إلى العالم من منظور طبيعي ، وأنا أنظر إليه من منظور آخر ، أنتم تقولون إنه يكون أربعة أشهر ثم يأتي الحصاد ، أما أنا بالنسبة لي أرى أن الحقول قد ابيضت للحصاد ، وأنا قد جنيت بالفعل" ، يسوع يشير هنا إلى مقابلته مع المرأة السامرية. لقد كان يجني الحصاد في هذه القرية في هذه اللحظة ، وبعد دقائق قليلة جاءت المرأة بكل أهل القرية وآمن كثيرون منهم!

لقد نظر التلاميذ إلى الأمور من وجهه نظر طبيعية مجردة ، وقالوا: "انه ليس وقت الحصاد بعد" ، وفي المقابل ، كان ليسوع وجهة نظر روحية ، لأنه نظر للأمور من منظور آخر. لقد التزم يسوع بأن يفعل مشيئة الله ، وذاك الذي أعطاه بصيرة روحية.

ونجد في الاصحاح التالي لإنجيل يوحنا تصريح آخر ليسوع ، نتعلم منه الكثير عن نتائج الإلتزام بفعل مشيئة الله. كان يسوع يناقش شفاء إنسان به مرض

منذ ثمان وثلاثون سنةً. وفي أثناء هذا النقاش قال يسوع هذه العبارة في (يو ٥: ٣٠):

«أَنَا لاَ أَقْدِرُ أَنْ أَفْعَلَ مِنْ نَفْسِي شَيْئًا. كَمَا أَسْمَعُ أَدِينُ، وَدَيْنُونَتِي عَادِلَةٌ، لأَنِّي لاَ أَطْلُبُ مَشِيئَتِي بَلْ مَشِيئَةَ الآبِ الَّذِي أَرْسَلَنِي.»

لاحظ ما قاله يسوع "**دَيْنُونَتِي عَادِلَةٌ**" وبطريقة أخرى كان يقول "حُكمي عادل"، لماذا؟ «**لأَنِّي لاَ أَطْلُبُ مَشِيئَتِي بَلْ مَشِيئَةَ الآبِ الَّذِي أَرْسَلَنِي.**» وها نحن نجد نتيجة ثالثة لهذا الإلتزام بفعل مشيئة الله، وسوف أُطلق عليها "الحُكم العادل" أو "التمييز المنصف".

لم يكن يسوع مخدوعاً، ولم يخدعه أحد أبداً، لقد أستطاع تمييز صدق كل إنسان آتي إليه، لقد رأي دوافعهم الداخلية، وعرف حقاً ما سوف يفعلوه، لقد عرف كيف يصل ويلمس المحتاجون إلى الشفاء، سواء كان روحياً أو جسدياً، لأنه قد إلتزم بأن يفعل مشيئة الله.

كيف نتجنب الأحكام الحمقاء والتقييم الخاطئ للناس وللمواقف ؟ ، نجد المفتاح للإجابة على هذا السؤال في (يوحنا ٥: ٣٠)، حيث قال يسوع "حكمي عادل ، وتمييزي دقيق ، فأنا أرى الأمور كما هي فعلاً ، لماذا ؟ "لأني لا أسعى إلى إتمام مشيئتي بل مشيئة الذي أرسلني".

لم تكن أحكامة مغشاه برغبته في إتمام مشيئته ، كان محايداً ، فكان يسوع ينتظر ليعرف مشيئة الآب قبل أن يتكلم ، ولذلك كان حكمه عادل ودقيق.

أبعاد أخرى للحياة في مشيئة الله

الفصل الثالث

أبعاد أخرى للحياة في مشيئة الله

لقد رأينا حتى الآن الطريق الذي إلتزم به يسوع لكي يفعل مشيئة الله ، والذي حققه عملياً في حياته على الارض وفي خدمته ، وقد أشرت إلى ثلاث نتائج محددة لذلك في حياته ، أولاً: كان هناك إحياء جسدي ، فقد كان جوعاناً وعطشاناً عند بئر يعقوب ، ومع ذلك فعل مشيئة الله بأنه أعلن الحق للمرأة السامرية ، حينئذ استقبل هذا الإحياء الجسدي ، حتى أنه لم يعد يشعر بالجوع ، عندما عاد التلاميذ بالطعام.

ثانياً: كان لديه رؤية ثاقبة للمواقف ، لقد رأي يسوع حقل الحصاد بعيني الله ، بينما كان التلاميذ يرونه بالعيون البشرية ، لقد التزم يسوع بأن يفعل مشيئة

الله ، لذلك أعطاه الله رؤية مختلفة عن المحيطين به.

ثالثاً: كان لديه حكم عادل أو تمييز موضوعي ، قال يسوع في (يوحنا ٥ : ٣٠) **"دَيْنُونَتِي عَادِلَةٌ، لأَنِّي لاَ أَطْلُبُ مَشِيئَتِي بَلْ مَشِيئَةَ الآبِ الَّذِي أَرْسَلَنِي."** وتقول ترجمة أخرى "أنا أحكم حسب ما أسمع من الآب ، وحكمي عادل ، لأني لا أسعى إلى عمل ما أريد ، لكنى أعمل إرادة الذي أرسلني." ففي كل موقف كان يسوع ينتظر دائماً إعلان الآب عن مشيئته.

لنستكمل النظر إلى نتيجتين ترتبا على إلتزام يسوع بأن يفعل مشيئة الله ، لننظر إلى حديثه بعدما أطعم خمسة آلاف شخص بخمسة خبزات وسمكتين ، وسنركز بالأخص على التطبيق الروحي لنفسه. قال يسوع في (يوحنا ٦:٣٥-٤٠):

«فَقَالَ لَهُمْ يَسُوعُ: أَنَا هُوَ خُبْزُ الْحَيَاةِ. مَنْ يُقْبِلْ إِلَيَّ فَلاَ يَجُوعُ، وَمَنْ يُؤْمِنْ بِي فَلاَ يَعْطَشُ أَبَدًا. وَلكِنِّي قُلْتُ لَكُمْ: إِنَّكُمْ قَدْ رَأَيْتُمُونِي، وَلَسْتُمْ تُؤْمِنُونَ. كُلُّ مَا

يُعْطِينِي الآبُ فَإِلَيَّ يُقْبِلُ، وَمَنْ يُقْبِلْ إِلَيَّ لا أُخْرِجْهُ خَارِجًا. لأَنِّي قَدْ نَزَلْتُ مِنَ السَّمَاءِ، لَيْسَ لأَعْمَلَ مَشِيئَتِي، بَلْ مَشِيئَةَ الَّذِي أَرْسَلَنِي. [لابد أن نضع مشيئتنا الخاصة جانباً لنستطيع تحقيق مشيئة الله] وَهذِهِ مَشِيئَةُ الآبِ الَّذِي أَرْسَلَنِي: أَنَّ كُلَّ مَا أَعْطَانِي لا أُتْلِفُ مِنْهُ شَيْئًا، بَلْ أُقِيمُهُ فِي الْيَوْمِ الأَخِيرِ. لأَنَّ هذِهِ هِيَ مَشِيئَةُ الَّذِي أَرْسَلَنِي: أَنَّ كُلَّ مَنْ يَرَى الابْنَ وَيُؤْمِنُ بِهِ تَكُونُ لَهُ حَيَاةٌ أَبَدِيَّةٌ، وَأَنَا أُقِيمُهُ فِي الْيَوْمِ الأَخِيرِ.»

لقد وضع يسوع مشيئته جانباً، وفي نهاية حديثه أشار إلى «مَشِيئَةُ الآبِ». لقد قال هذه العبارة «أَنَا هُوَ خُبْزُ الْحَيَاةِ» ثم استطرد قائلاً «كُلَّ مَنْ يَرَى الابْنَ وَيُؤْمِنُ بِهِ تَكُونُ لَهُ حَيَاةٌ أَبَدِيَّةٌ، وَأَنَا أُقِيمُهُ فِي الْيَوْمِ الأَخِيرِ.» يا له من وعد رائع من ذاك الذي يستطيع أن يطعم ويعطي حياة لعالم جائع ومائت!

لكن ما هو الثمن الذي كان علي يسوع ان يدفعه؟

الإجابـة هـي: «لَيْسَ لِأَعْمَلَ مَشِيئَتِي. بَـل مَشِيئَةَ الَّذِي أَرْسَـلَنِي.» طالمـا نحـن مشـغولون بخططنـا ورغباتنـا وأهدافنـا ، لـن نسـتطيع أن نعمـل مشـيئة الآب. وبمـا أن ذلـك ينطبـق علـى يسـوع ، فكـم بالأحـرى جـداً ينطبـق علينـا! وإن أردنـا هـذا الامتيـاز أن نكـون خبـز اللـه المكسور لإطعام هذا العالم الجائع ، يجب أن نتنـازل ونقول: «لَيْسَ... مَشِيئَتِي بَلْ ... مَشِيئَةَ الَّذِي أَرْسَلَنِي»

كان هـذا اختبـار بولـس الشخصي ، فيقـول في رسالة (٢كو ٤:١٠-١٢):

«حَامِلِينَ فِي الْجَسَدِ كُلَّ حِينٍ إِمَاتَةَ الرَّبِّ يَسُوعَ ، لِكَيْ تُظْهَرَ حَيَاةُ يَسُوعَ أَيْضًا فِي جَسَدِنَا. لِأَنَّنَا نَحْنُ الْأَحْيَاءَ نُسَلَّمُ دَائِمًا لِلْمَوْتِ مِنْ أَجْلِ يَسُوعَ. لِكَيْ تُظْهَرَ حَيَاةُ يَسُوعَ أَيْضًا فِي جَسَدِنَا الْمَائِتِ. إِذًا الْمَوْتُ يَعْمَلُ فِينَا ، وَلكِنِ الْحَيَاةُ فِيكُمْ.»

يوضح لنا بولس مبدأ كتابي هـام وهـو: «إِذًا الْمَوْتُ يَعْمَلُ فِينَا ، وَلكِنِ الْحَيَاةُ فِيكُمْ.» يحتـاج العـالم

لقنوات تنقل له الحياة ، ولكن هناك ثمن يجب أن يُدفع ، إذا أردت أن تكون قناة تنقل الحياة للآخرين ، يجب أن يعمل الموت فيك أولاً ، ولا يمكن أن يتم ذلك بطريقة أخرى أو بترتيب آخر.

المبدأ واضح: عندما يعمل الموت فيك ، تعمل الحياة في الآخرين. أنت هنا في هذه الحياة ليس لكي تفعل مشيئتك بل مشيئة الذي أرسلك. مشيئة الذي أرسلك هي أن تطعم وتعطي الحياة للعالم الجائع المائت. إن كنت تتنازل عن مشيئتك ، وتسعى بقلب مخلص نحو مشيئة الله ، المعلنة لحياتك ، سوف تكون أنت أيضاً طعامً لعالم جائع وحياة لعالم مائت ، علي حسب قامتك. على أن ذلك غير ممكن ما دمت مهتماً بأن تفعل مشيئتك الخاصة.

هناك نتيجة أخرى ظهرت في حياة يسوع نتيجة التزامه بأن يفعل مشيئة الآب ، يمكننا أن نكتشف ذلك في صلاة يسوع الكهنوتية للآب بالنيابة عن

تلاميذه وقبل أن ينفصل عنهم ، وهذا التعبير الرائع ليسوع موجود في الجزء الأخير من إنجيل يوحنا ، ففي (يوحنا ١٧:٤) يقول: «**أَنَا مَجَّدْتُكَ عَلَى الأَرْضِ. الْعَمَلَ الَّذِي أَعْطَيْتَنِي لأَعْمَلَ قَدْ أَكْمَلْتُهُ.**» تقول هذه الترجمة «**قَدْ أَكْمَلْتُهُ**» وهي ترجمة لأحد أشكال الكلمة اليونانية teleios التي تعني أيضاً "أن أنهي" أو "أن أُتمم". وهكذا يمكن ترجمة الآية "أنا مجدتك في الأرض حين أتممت العمل الذي أعطيتني لأعمله."

على مدار الأناجيل يؤكد يسوع كلامه بأنه لم يكن هدفه فقط أن يفعل مشيئة الله ، بل أن يتمم عمله. ففي حادثة المرأة السامرية عند بئر يعقوب قد قال يسوع في (يوحنا ٤:٣٤): «**طَعَامِي أَنْ أَعْمَلَ مَشِيئَةَ الَّذِي أَرْسَلَنِي وَأُتَمِّمَ عَمَلَهُ.**»

كان يسوع يتطلع قدماً إلى النهاية المنتصرة في عمله حيث يقول: " أيها الآب أنا مجدتك على الأرض ، لأني ها قد وصلت إلى نهاية العمل الذي أعطيتني

لأعمله ، لقد أنهيته". بالرجوع إلى صورة السباق التي تأملنا فيها سابقاً يمكننا القول بأن يسوع أنهي السباق. وهو على وشك أن يكسب السباق وعندما أتمه قال للآب "بهذا قد مجدتك".

أن فعل مشيئة الله يجلب دائماً المجد لله ، وأي عمل يدعوك الله لكي تعمله ، إذا فعلته تماماً وانهيته ، يمكنك أن تجلب المجد لله. يمكن أن يكون العمل الذي حدده لك بسيط أو متواضع أو اعتيادي ، مثل أن تكوني زوجة فاضلة وأم ، أو زوج تقي وأب ، أو وزير كفء ، أو رجل أعمال صالح ، مهما كان العمل ، إذا أتممته وعملته من خلال وظيفتك ، يمكنك أن تجلب المجد لله.

الخدمة الفاترة المتمركزة حول الذات لا تمجد الله أبداً ، وأحد أسباب ذلك أن الحافز للخدمة يكون دائماً هو تمجيد الذات. يوجد مسيحيين ، وخدام أيضاً ، مهتمين بمجدهم الشخصي أكثر من مجد الله. يمكن

أن يجتذبوا تابعين كثيرين ، ويحصلوا على اهتمام الناس بواسطة مواهبهم وخدمتهم ، ولكن الغاية النهائية ليست مجد الله.

لكي نمجد الله ، يجب أن يكون لنا رؤية واضحة للعمل الذي حدده الله لنا ، وبالإضافة إلى ذلك يجب أن يكون لنا عزم ثابت أننا سوف ننهي العمل مهما كانت التكلفة. لا يوجد شيء أتوق إليه أكثر من أنه عندما يحين وقت نهاية خدمتي وحياتي هنا على الأرض ، أكون قادراً على القول بقدر قامتي المحدودة: **"أَنَا مَجَّدْتُكَ عَلَى الأَرْضِ. الْعَمَلَ الَّذِي أَعْطَيْتَنِي لأَعْمَلَ قَدْ أَكْمَلْتُهُ.**

الصليب هو الغاية

الفصل الرابع

الصليب هو الغاية

لقد أخذنا يسوع كمثال ومصدر إلهام لنا في الحياة ، وقد رأينا أن الدافع الأسمى في حياته كان أن يفعل مشيئة الله كما هو معلن في الكتاب المقدس ، وكانت الآية الرئيسية هي من رسالة (العبرانيين ١٠:٧): **ثُمَّ قُلْتُ هنَذَا أَجِيءُ. فِي دَرْجِ الْكِتَابِ مَكْتُوبٌ عَنِّي، لأَفْعَلَ مَشِيئَتَكَ يَا أَللهُ.** »

هناك نقطتان محوريتان تظهران بصورة واضحة في هذه الآية. أولاً: الدافع الذي جاء يسوع من أجله هو أن يفعل مشيئة الله ، ثانياً: الدور الذي كان عليه أن يفعله كان مكتوباً أصلاً في الوحي ، وهذا ما يجب أن يكون واضحاً لك ولي.

وقد نظرنا أيضاً إلى خمس نتائج محددة في حياة يسوع الأرضية ، التي تجلت من خلال إلتزامه بأن يفعل مشيئة الله:

١. لقد استقبل إحياء جسدي بطريقة فوق طبيعية.
٢. كان لديه نظرة مناسبة لكل موقف يجتاز فيه ، مختلفة عن نظرة الجميع من حوله.
٣. لقد قدم حكم عادل أو تمييز منصف فلم يخدعه أو يضلله أحد ، فقد كان يرى الأمور كما هي على حقيقتها".
٤. كان قناة تنقل الحياة لعالم مائت.
٥. لقد مجد الله على الأرض.

نستكمل لنرى غاية مشيئة الله في حياة يسوع ، لنكتشف أن مشيئة الله العظمى لحياته هي أن يقدم جسده ذبيحة ، فنقرأ في رسالة (عبرانيين ١٠:٥-١٠):

«لِذلِكَ عِنْدَ دُخُولِهِ إِلَى الْعَالَمِ يَقُولُ: ذَبِيحَةً وَقُرْبَانًا لَمْ تُرِدْ. وَلكِنْ هَيَّأْتَ لِي جَسَدًا. بِمُحْرَقَاتٍ

وَذَبَائِحَ لِلْخَطِيَّةِ لَمْ تُسَرَّ. ثُمَّ قُلْتُ: هنَذَا أَجِيءُ. فِي دَرْجِ الْكِتَابِ مَكْتُوبٌ عَنِّي، لأَفْعَلَ مَشِيئَتَكَ يَا أَللهُ. إِذْ يَقُولُ آنِفًا: إِنَّكَ ذَبِيحَةً وَقُرْبَانًا وَمُحْرَقَاتٍ وَذَبَائِحَ لِلْخَطِيَّةِ لَمْ تُرِدْ وَلاَ سُرِرْتَ بِهَا. الَّتِي تُقَدَّمُ حَسَبَ النَّامُوسِ. ثُمَّ قَالَ: هنَذَا أَجِيءُ لأَفْعَلَ مَشِيئَتَكَ يَا أَللهُ. يَنْزِعُ الأَوَّلَ لِكَيْ يُثَبِّتَ الثَّانِيَ. فَبِهذِهِ الْمَشِيئَةِ نَحْنُ مُقَدَّسُونَ بِتَقْدِيمِ جَسَدِ يَسُوعَ الْمَسِيحِ مَرَّةً وَاحِدَةً.»

لقد جاء يسوع إلى هذا العالم لكي يفعل مشيئة الله ، وقد اتخذ جسداً لكي ينفذ هذه المشيئة ، وإتمام هذه المشيئة يتطلب أن يقدم يسوع جسده ذبيحة ، وهكذا كانت الغاية العظمى هي أن يقدم جسده نيابة عن العالم.

وكما رأينا ، كان هناك تأكيد مستمر في كلام يسوع ، ليس أن يعمل عمل الله فحسب بل أن يتممه وينفذ مشيئته. وبقدر ما اقتربت نهاية حياة يسوع الأرضية ، زاد هذا التأكيد في حياته.

فيقول في (لوقا ٩:٥١):

«وَحِينَ تَمَّتِ الأَيَّامُ لارْتِفَاعِهِ ثَبَّتَ وَجْهَهُ لِيَنْطَلِقَ إِلَى أُورُشَلِيمَ.»

لاحظ هذه العبارة الرئيسية «**ثَبَّتَ وَجْهَهُ**» كان يسوع عالماً بما ينتظره ، وقد أخبر تلاميذه بذلك ، وبالرغم من ذلك لم يصدقوه ، وعندما حان الوقت لإتمام مشيئة الله «**ثَبَّتَ وَجْهَهُ**» بمعنى أنه كان عازم أن يتمم عمله.

وها إشعياء النبي يتنبأ بالروح عن ذروة حياة المسيح على الأرض ، فيقول في (إشعياء ٥٠: ٤):

«أَعْطَانِي السَّيِّدُ الرَّبُّ لِسَانَ الْمُتَعَلِّمِينَ لأَعْرِفَ أَنْ أُغِيثَ الْمُعْيِيَ بِكَلِمَةٍ. يُوقِظُ كُلَّ صَبَاحٍ لِي أُذُنًا، لأَسْمَعَ كَالْمُتَعَلِّمِينَ.»

يسوع كان دائماً تلميذ في مدرسة الآب ، كان يقضي وقتاً كل صباح في مدرسة تلمذة الآب ، يسمع صوته ،

ويتكلم إليه ، ويستقبل توجيهاته لذلك اليوم.

ونستمر في قراءة (إشعياء ٥٠: ٥-٦):

«السَّيِّدُ الرَّبُّ فَتَحَ لِي أُذُنًا وَأَنَا لَمْ أُعَانِدْ. إِلَى الْوَرَاءِ لَمْ أَرْتَدَّ. بَذَلْتُ ظَهْرِي لِلضَّارِبِينَ، وَخَدَّيَّ لِلنَّاتِفِينَ. وَجْهِي لَمْ أَسْتُرْ عَنِ الْعَارِ وَالْبَصْقِ.»

من المهم جداً أن نرى أن يسوع أسلم ظهره للضاربين ، فهو أعطاه لهم بحريته ، لأنها كانت مشيئة الآب وتوجيهاته ، فسمع الآب يقول له: "يا ابني! هذا ما أرسلتك لتعمله" ، لذلك لم يُمسك نفسه. لقد أسلم نفسه لمعذبيه.

ويستكمل قائلاً في (إشعياء ٥٠: ٧):

«وَالسَّيِّدُ الرَّبُّ يُعِينُنِي، لِذلِكَ لاَ أَخْجَلُ. لِذلِكَ جَعَلْتُ وَجْهِي كَالصَّوَّانِ وَعَرَفْتُ أَنِّي لاَ أَخْزَى».

يقول الوحي في إنجيل لوقا: «**ثَبَّتَ وَجْهَهُ**» وقبل ذلك بسبعمائة عام قال إشعياء بروح النبوة: «**لِذلِكَ**

جَعَلْتُ وَجْهِي كَالصَّوَّانِ» ، يسوع كان عالماً بأنه سيصمد ، وهذا ما قاله إشعياء في العدد السابق:

«**بَذَلْتُ ظَهْرِي لِلضَّارِبِينَ، وَخَدَّيَّ لِلنَّاتِفِينَ. وَجْهِي لَمْ أَسْتُرْ عَنِ الْعَارِ وَالْبَصْقِ**».

وعلى إثر ما قاله يسوع في قلبه: "جَعَلْتُ وَجْهِي كَالصَّوَّانِ ، لا يهم ما ينتظرني ، فسوف أجتاز هذا الطريق ، لأن غايتي هي أن أعمل العمل الذي عينه الله لي وأتممه."

وهنا نأتي إلى الهدف الأسمى من حياة يسوع الأرضية ، عُلق يسوع على الصليب لمدة ثلاث ساعات أو أكثر ، وكان قد اقترب من النهاية ، فقال في (يوحنا ١٩:٢٨-٣٠):

«**بَعْدَ هذَا رَأَى يَسُوعُ أَنَّ كُلَّ شَيْءٍ قَدْ كَمَلَ، فَلِكَيْ يَتِمَّ الْكِتَابُ قَالَ: أَنَا عَطْشَانُ. وَكَانَ إِنَاءٌ مَوْضُوعًا مَمْلُوًّا خَلاً. فَمَلأُوا إِسْفِنْجَةً مِنَ الْخَلِّ، وَوَضَعُوهَا عَلَى زُوفَا وَقَدَّمُوهَا إِلَى فَمِهِ. فَلَمَّا أَخَذَ يَسُوعُ الْخَلَّ قَالَ:**

«قَدْ أُكْمِلَ». وَنَكَّسَ رَأْسَهُ وَأَسْلَمَ الرُّوحَ.»

وأسلم يسوع روحه إلى الآب فقال في (لوقا ٤٦:٢٣): «**يَا أَبَتَاهُ، فِي يَدَيْكَ أَسْتَوْدِعُ رُوحِي.**

لكنه قبل ذلك سبق وأخبر تلاميذه فقال في (يوحنا ١٠:١٧-١٨):

«لِهذَا يُحِبُّنِي الآبُ، لأَنِّي أَضَعُ نَفْسِي لآخُذَهَا أَيْضًا. لَيْسَ أَحَدٌ يَأْخُذُهَا مِنِّي، بَلْ أَضَعُهَا أَنَا مِنْ ذَاتِي. لِي سُلْطَانٌ أَنْ أَضَعَهَا وَلِي سُلْطَانٌ أَنْ آخُذَهَا أَيْضًا. هذِهِ الْوَصِيَّةُ قَبِلْتُهَا مِنْ أَبِي.»

قال يسوع كلمة من أعظم كلماته قبل أن يسلم الروح في (يوحنا ٣٠:١٩): «**قَدْ أُكْمِلَ.**» ما الذي أكمله يسوع؟ لقد أكمل العمل المكلف به على الأرض، كان يقول طوال حياته على الأرض «**طَعَامِي... أَنْ أَعْمَلَ مَشِيئَةَ الَّذِي أَرْسَلَنِي وَأُتَمِّمَ عَمَلَهُ**». وقد عبر عن هذه اللحظة في صلاته «**أَنَا مَجَّدْتُكَ عَلَى الأَرْضِ الْعَمَلَ**

الَّذِي أَعْطَيْتَنِي لأَعْمَلَ قَدْ أَكْمَلْتُهُ». وبالفعل قد أكمله على الصليب عندما صرخ وقال «**قَدْ أُكْمِلَ**».

لم تكن صرخة الهزيمة، بل كانت صرخة الإنتصار! "**قَدْ أُكْمِلَ!**" لقد أكملتُ تماماً كل ما عينه الله لي، لم أترك شيئاً، فالخلاص الآن متاح من خلال ذبيحتي على الصليب!"

في اللغة اليونانية تأتي «**قَدْ أُكْمِلَ**» في كلمة واحدة وهي tetelestai. وهي صيغة تامة لفعل يأتي بمعنى "أن يكمل شيئاً"، أو "أن يتمم شيئاً"، أو "أن يفعل شيئاً على نحو تام". وبالبحث عن طريقة للربط بالمعنى في اللغة الإنجليزية، أعتقد انها يمكن أن تكون عبارة كهذه "قد تم تماماً" أو "قد تم على أكمل وجه"، "أي أن كل ما ينبغي عمله لخلاص كل البشر قد تحقق فعلاً من خلال ذبيحة يسوع على الصليب".

لم يسلم يسوع روحه إلا بعد أن قال «قَدْ أُكْمِلَ»، وأيضاً عندما علم أنه أتم كل ما طلبه الآب منه. كان

هذا هو الهدف الذي وجه نحوه حياته. كان هذا هو الدافع الأسمى الذي جعل وجه يسوع كالصوان، ومكنه من تحمل العار والألم والرفض والخزي.

لطالما سمعت كثيراً أن الذي ثبت يسوع على الصليب هو التزامه بأن يفعل مشيئة الله وليس المسامير. وهذا الإلتزام جعله لا ينحرف يميناً أو يساراً. كان هذا هو الغرض من حياة يسوع على الأرض، أن يفعل مشيئة الله.

لقد إتخذ يسوع جسداً بشرياً، وقد عرف من الكتب المقدسة أن الغرض من هذا الجسد هو أن يقدمه ذبيحة على الصليب نيابة عن كل البشر. وكل ما فعله يسوع كان موجهاً لتحقيق مشيئة الله وتتميم عمله.

L3

اتباع مثال يسوع

الفصل الخامس

اتباع مثال يسوع

لطالما نظرنا إلى أن يسوع هو مثالنا ومصدر إلهامنا ، وقد رأينا أن التزامه بأن يفعل مشيئة الله كان الدافع الذي جعله يأتي من السماء إلى الأرض. وهذا الإلتزام هو الذي شكل ووجه مسار وخدمة حياة يسوع. وقد تُوجت حياته بتقديم جسده كذبيحة على الصليب.

لننظر كيف نطبق في حياتنا هذا المثال الذي تركة يسوع لنا. هناك ثلاث خطوات ضرورية لكي نطبق هذا المثال الذي قدمه لنا يسوع. الخطوة الأولى: هي أن نرغب في أن نفعل مشيئة الله. وقد سجل يوحنا لنا ما قاله يسوع في (يوحنا ٧:١٧):

«إِنْ شَاءَ أَحَدٌ أَنْ يَعْمَلَ مَشِيئَتَهُ يَعْرِفُ التَّعْلِيمَ، هَلْ هُوَ مِنَ اللهِ، أَمْ أَتَكَلَّمُ أَنَا مِنْ نَفْسِي.»

الكلمة اليونانية التي ترجمت هنا بمعنى "شَاء" هي صيغة من الفعل *thelo* ، والتي تعني "أن يريد" ، أو "أن يعقد العزم" ، إن شاء أحد أن يعمل مشيئة الله ، أو إن "أراد" أحد أن يعمل مشيئة الله ، سيعرف أن يميز هل التعليم من الله أم لا.

يستهين بعض المتدينين بدور الإرادة في حياتهم الروحية ، فنجد أن المشاعر والانطباعات والتشجيع هي التي تحدد توجهات معظم الناس. ومع ذلك ، فالشيء الأساسي الذي يوجه حياتنا هو تفعيل إرادتنا. هذا هو العامل الحاسم ، فنحن لا يمكننا أن نتقدم في حياة صحيحة ، إن لم يكن لدينا رغبة وإرادة لذلك.

لقد وضع يسوع أمامنا هذا التحدي ، والذي يمكن أن يكون أيضاً دعوة لنا: هل تسلم إرادتك إلى مشيئة الله ؟ بدون أن نواجه هذا التحدي فإن التقدم في حياة

صحيحة لـن يحـدث أبـداً. فهـذا التقـدم لـن يـأتي إليـك
بالإلهـام، أو مـن خـلال الـوعظ الـرائـع، أو مـن خـلال
شخص يصلي من أجلك.

إذن علينـا أن نـأتي إلـى نقطـة حاسـمة فـي
حياتنـا ونتخـذ قـراراً شخصيـاً. القـرار الشخصـي هـو
لـب الموضـوع، علينـا أن نقـرر ونقـول "اتعهـد أن
أفعـل مشيئـة اللـه"، قـال يسـوع فـي (يوحنـا
١٧:٧): «إنْ شَاءَ أَحَـدٌ أَنْ يَعْمَـلَ مَشِيئَتَهُ يَعْرِفُ
التَّعْلِيمَ، هَلْ هُوَ مِنَ اللهِ...»

علينـا أن نفهـم هـذا، أننـا لا نكتشـف أولاً، ثـم
نشـاء أن نعمـل مشيئـة اللـه؛ فنحـن نختـار أولاً أن
نعمـل، ثـم بعـد ذلـك نكتشـف. يصلي معظـم
النـاس بطريقـة خاطئـة، ويطلبـون كـالآتي: "يـا
اللـه، أرنـي الأمـر بأكملـه، أريـد أن أدركـه أولاً، ثـم
بعـد ذلـك سـوف أقـرر أن أفعـل مـا طلبتـه منـي".
الأمـر لـيس بهـذه الطريقـة، فاللـه لا يشبـع حاجـة

العقل عندما تريد أن تعرف فقط بفضولك الفكري دون أن تبدي استعدادك بأن تتعهد بالإلتزام بإتمام مشيئته. لكن إن "أردت" أن تفعل مشيئة الله أولاً، ثم بعد ذلك تدرك، فسوف يتبع ذلك بصيرة وإعلان.

دعوني أوضحها لك بطريقة آخري، الإلتزام هو الذي يقودك للإدراك، وليس العكس. أنت لا تدرك أولاً مشيئة الله، ثم، تتعهد بأن تفعلها، أنت تتعهد أولاً بأن تفعلها، ثم يبدأ الله بأن يكشف لذهنك مشيئته. كل منا يصل إلى نقطة في حياته يكون عليه فيها أن يتخذ قراراً حاسماً لحياته، قراري هو: أن أتعهد بفعل مشيئة الله. لا يمكن أن تقول "من المحتمل أن أفعل مشيئة الله"، هذا ليس تعهد.

الخطوة الثانية هي: تقديم أجسادنا ذبيحة، إن فعل مشيئة الله قد بلغ أوجه في حياة يسوع من خلال تقديم جسده ذبيحة. لقد عرف ذلك حين

انطلق لكي يفعل مشيئة الله. قد يفاجئك بأن تعلم تلك الحقيقة -ولكنها معلنة بوضوح في الكتاب المقدس-أنه يتطلب منك ومني أيضاً ذبيحة أجسادنا، لكي نفعل مشيئة الله. على أن هناك فرق بين ذبيحة أجسادنا وذبيحة جسد المسيح. فذبيحة جسد المسيح تعني موته، لكن أخبرنا بولس أن نقدم أجسادنا ذبيحة حية فيقول في رسالة (رومية ١٢:١):

«فَأَطْلُبُ إِلَيْكُمْ أَيُّهَا الإِخْوَةُ بِرَأْفَةِ اللهِ أَنْ تُقَدِّمُوا أَجْسَادَكُمْ ذَبِيحَةً حَيَّةً مُقَدَّسَةً مَرْضِيَّةً عِنْدَ اللهِ، عِبَادَتَكُمُ الْعَقْلِيَّةَ.»

مضمون هذا الكلام هو أن الله يقول لكل واحد منا، "على ضوء ما فعلته من أجلك، فالرد الذي أطلبه منك هو أن تقدم جسدك لي ذبيحة حية. قدم كيانك لي ذبيحة بدون أي تحفظات.

لو أنك قدمت جسدك ذبيحة حية لله، فبذلك لم يعد لك الحق بأن تطالب بملكية جسدك. لم يعد لك

أن تقرر إلى أين سوف تذهب ، أو ماذا سوف تفعل ، أو تأكل أو تلبس ، لقد تخليت عن حقوقك في أن تأخذ هذه القرارات. ومن الآن فصاعداً جسدك يخص الله ، فأنت قد قدمته ذبيحة له.

وما يوضع على مذبح الله لم يعد ملك صاحبه الذي وضعه. الله يطلب - ونحن نفعل كما فعل يسوع - أن نقدم أجسادنا كذبيحة. والاختلاف هنا أن المسيح قدم جسده ذبيحة عن طريق الموت ، والله يطلب منا أن نقدم أجسادنا وهي مازالت حية. علينا أن نسلم أجسادنا لله ونتخلى عن حقوقنا ومطالبنا تجاه أجسادنا.

قد يبدو هذا مخيفاً جداً ، ولكني أريد أن أخبركم أن هذا ممتع جداً. بطريقة ما قد نتخيل أن هذا يعني أنه سوف ينتهي بنا المطاف إلى المعاناة ، والوحدة في أرض قفر ، نرتدي الخرق ، ونعيش على الخبز والماء.

لكن هذا ليس في فكر الله.

ففي (إرميا ٢٩:١١) يقول:

«لأَنِّي عَرَفْتُ الأَفْكَارَ الَّتِي أَنَا مُفْتَكِرٌ بِهَا عَـنْكُمْ، يَقُـولُ الـرَّبُّ، أَفْكَـارَ سَـلاَمٍ لاَ شَـرٍّ، لأُعْطِيَكُمْ آخِرَةً وَرَجَاءً.»

الله لديه خطط عظيمة عـن مـا هـو مزمع أن يفعله بـك وبجسدك، ولكنـه لـن يخبـرك بهـا حتى يصبـح جسدك ملك لـه. يجب أن تتعهـد بـذلك إلى الله أولاً، وسوف يعطيك إدراك لهذه الخطط.

بعـد أن قـدمنا أجسـادنا ذبيحـة حيـة، نـأتي إلـى الخطوة التالية وهي تجديد الذهن، وبولس يصف هـذا بوضوح في (رومية ١٢:٢):

«وَلاَ تُشَاكِلُوا هـذَا الـدَّهْرَ، بَـلْ تَغَيَّـرُوا عَـنْ شَكْلِكُمْ بِتَجْدِيدِ أَذْهَانِكُمْ، لِتَخْتَبِرُوا مَا هِيَ إِرَادَةُ اللهِ: الصَّالِحَةُ المَرْضِيَّةُ الكَامِلَةُ.»

فبمجرد أنك أخذت خطوة حاسمة في تقديم جسدك كذبيحة حية لله ، ستجد أن شيئاً ما يحدث في ذهنك ، فهذا القرار يحرر ذهنك ويجدده. فلن تعود تفكر كما يفكر العالم ، فالذين يسلكون بحسب هذا العالم تجدهم أنانيين في تفكيرهم ، فهم يقولون هكذا "إذا فعلت هذا ، فهل سيعود علي بالنفع ؟ أو هل لو قلت هذا الكلام سأحصل على مكافأة ؟ أو سأحصل على ترقية ؟ أو هل سيحبني الناس ؟" فكل شيء يتمحور حول الذات. ولكن الذهن المتجدد يتمحور حول الله فيقول "هل هذا سيمجد الله ؟ هل هذا غرض الله في حياتي ؟

وقد شرح بولس لنا هذا الكلام " انه يمكنك أن تعرف مشيئة الله بهذا الذهن الذي تجدد". فالله لن يعطيك هذا الاعلان حتى تقطع هذا التعهد ، وهذا التعهد سيقودك إلى تجديد ذهنك. وبالذهن المتجدد تستطيع أن تميز ماهي إرادة الله وتعرف ما هو الطريق

الذي أعده لك.

وغالباً ما ستجد أن طرق الله مختلفة تماماً عن ما كنت تتصوره ، وستجد إبليس يهمس في آذنيك "طرق الله ستكون صعبة ومتعبة" ، وسيخبرك بأنك ستقضي باقي عمرك في المعاناة. ربما يكون هذا صحيحاً ، ولكن في الغالب لن يكون بهذه الطريقة. على أنك لن تعرف هذا حتى تقطع هذا التعهد.

هناك خمس نتائج ترتبت على هذا القرار الذي عزم عليه يسوع في حياته ، ويمكنك أن تتوقع نفس النتائج في حياتك عندما تسلم جسدك ومشيئتك لله.

أولاً: كان هناك إحياء جسدي فوق المستوى الطبيعي ، لم يكن يسوع محدوداً بقوته الجسدية ، وستكون أنت هكذا إذا تعهدت بأن تفعل مشيئة الله.

ثانياً: كان ليسوع رؤية صحيحة للأمور ، فيسوع كان يري الأشياء كما يراها الله ، وستكون أنت هكذا

إذا تعهدت بأن تفعل مشيئة الله.

ثالثاً: كان هناك حكم عادل أو تمييز واضح، لم يكن يسوع مخدوعاً أو مغشوشاً. لقد رأى خفايا الناس على حقيقتها.

رابعاً: أصبح يسوع قناة للحياة لعالم مائت، وهكذا نحن أيضاً سنصبح قنوات للحياة عندما نتعهد بأن نفعل مشيئة الله.

خامساً: قال يسوع في (يوحنا ٤:١٧): «**أَنَا مَجَّدْتُكَ عَلَى الأَرْضِ. الْعَمَلَ الَّذِي أَعْطَيْتَنِي لأَعْمَلَ قَدْ أَكْمَلْتُهُ.**» إن سلمنا أنفسنا لله ولمشيئته، وتممناها بكل قلوبنا، سنكون نحن أيضاً قادرين أن نمجد الله على الأرض.

عندما تسلم جسدك ومشيئتك لله كلياً، خاضعاً بكل إرادتك له، فسوف تمجد الله وتجد سلام عميق وارتياح داخلي في روحك، سوف

تكتشف شعور جديد بأن لحياتك هدف ، لأن الله قد أعلن لك عن مشيئته في حياتك.

www.ingramcontent.com/pod-product-compliance
Lightning Source LLC
Chambersburg PA
CBHW060610030426
42337CB00018B/3025
* 9 7 8 1 7 8 2 6 3 4 2 7 0 *